Sandeep Kautish
Navdeep Kochhar

Manual de marketing através dos media sociais

Sandeep Kautish
Navdeep Kochhar

Manual de marketing através dos media sociais

ScienciaScripts

Imprint

Any brand names and product names mentioned in this book are subject to trademark, brand or patent protection and are trademarks or registered trademarks of their respective holders. The use of brand names, product names, common names, trade names, product descriptions etc. even without a particular marking in this work is in no way to be construed to mean that such names may be regarded as unrestricted in respect of trademark and brand protection legislation and could thus be used by anyone.

Cover image: www.ingimage.com

This book is a translation from the original published under ISBN 978-3-659-69885-9.

Publisher:
Sciencia Scripts
is a trademark of
Dodo Books Indian Ocean Ltd. and OmniScriptum S.R.L publishing group

120 High Road, East Finchley, London, N2 9ED, United Kingdom
Str. Armeneasca 28/1, office 1, Chisinau MD-2012, Republic of Moldova, Europe
Printed at: see last page
ISBN: 978-620-7-71598-5

ÍNDICE

Capítulo 1
Introdução

A Internet fez uma revolução no domínio da informática e das comunicações. A Internet é um meio de difusão de informações de forma sistemática. A Internet é uma rede através da qual os computadores estão interligados entre si e partilham informações utilizando um protocolo como o TCP/IP e fornecem serviços benéficos aos utilizadores de todo o mundo. Em 1950, com o desenvolvimento dos computadores, a Internet também começou a ser utilizada. Com a atualização da tecnologia da Internet e o aparecimento da Web 2.0, as pessoas estão agora ligadas umas às outras através da Internet. A maior vantagem da Internet é a partilha de informações em todo o mundo através do correio eletrónico, da partilha de ficheiros, etc. Para além da partilha de informações entre os utilizadores, a Internet é muito procurada no mundo dos negócios. Atualmente, as empresas estão totalmente dependentes da Internet.

Com a utilização da Internet, a eficiência das empresas aumentará em grande medida. No ano passado, era muito difícil partilhar informações com outras pessoas e era um processo moroso, mas agora, com a utilização do correio eletrónico, as empresas podem enviar qualquer informação para todo o mundo num segundo. A expansão do negócio e a venda de negócios também aumentaram com a utilização da Internet. A relação custo-eficácia é o principal fator de utilização da Internet numa empresa. Atualmente, os sítios de redes sociais (SNS) são uma nova forma de comunicação entre as pessoas. A Internet e os SNS são ferramentas de utilização imediata e de fácil acesso. A espinha dorsal dos sítios de redes sociais é também a Internet. Atualmente, as pessoas preferem a tecnologia digital. As pessoas preferem comunicar através da Internet. A Internet também oferece aos seus clientes a possibilidade de efectuarem as suas vendas ou compras em linha com a ajuda da Internet. Durante as compras em linha, o cliente pode verificar o produto, fazer a seleção de acordo com a sua escolha e comprar o produto. A Internet tem as seguintes características distintas (Peterson et al., 1997):

- A Internet pode armazenar informações em diferentes locais.

- A Internet é a espinha dorsal do comércio eletrónico, pelo que pode atuar como meio de transação.

- A Internet tem capacidade para pesquisar dados, organizá-los e implementá-los de acordo com os requisitos.

- É possível obter informações úteis na Internet, mediante a apresentação de requisitos

- Para uma organização é benéfico aumentar as vendas.

- Útil para facilitar a comunicação.

De acordo com a Internet World Stats, existem 462 124 989 utilizadores da Internet na Índia até 31 de março de 2017. A Índia ocupa o segundo lugar entre o total de utilizadores da Internet no mundo. O maior número de utilizadores da Internet é de 731 434 547 na China. O número de utilizadores da Internet aumentará ainda mais devido à disponibilidade de ligação à Internet e a uma maior segurança no comércio eletrónico. As redes sociais dependem totalmente da Internet. Com a difusão da Internet, os meios de comunicação social estão também a difundir-se por todo o mundo. A Internet é uma necessidade básica dos meios de comunicação social e do comércio eletrónico. As oportunidades de comércio eletrónico global e regional aumentam em grande medida com o aumento dos utilizadores da Internet.

Com o avanço da tecnologia da Internet, nos últimos anos, a popularidade dos sítios de redes sociais aumentou em grande medida. A rede social é uma plataforma de grupo de pessoas onde estas podem interagir entre si de forma sistemática ou profissional. A interação entre as pessoas nos sítios de redes sociais significa que as pessoas partilham informações sob a forma de texto, vídeos ou imagens. O principal aspeto dos sítios de redes sociais é que se trata de uma forma fácil de partilhar informações com outras pessoas. A maioria das pessoas está a utilizar os sítios de redes sociais. Cada pessoa utiliza os sítios de redes sociais ou os meios de comunicação social de acordo com os seus interesses, por exemplo, algumas pessoas utilizam os meios de comunicação social para fins de entretenimento, outras utilizam os meios de comunicação social para vender e comprar, outras utilizam os meios de comunicação social para fins educativos.

De acordo com Kaplan & Haenlein (2010), os media sociais são grupo de aplicações baseadas na Internet que assentam na base ideológica e tecnológica da Web 2.0 e que permitem a criação e o intercâmbio de conteúdos gerados pelo utilizador (UGC)". Os meios de comunicação social dão aos seus clientes a oportunidade de promoverem a sua marca numa grande rede, mas também é necessário que a publicidade dos produtos seja demasiado interactiva, porque se a publicidade do produto for atractiva, as pessoas só assim interagirão com ela. A publicidade interactiva só conseguirá influenciar o cliente para o produto. A influência sobre o cliente será a parte principal da estratégia. Com a influência, as hipóteses de comprar o produto podem ser aumentadas. Isto significa que a publicidade de um produto nas redes sociais deve ser concebida de acordo com as propriedades do produto, tais como a idade das pessoas que o utilizarão, quem beneficiará com ele, etc. Assim, o principal objetivo das redes sociais é publicitar o produto, criando consciência sobre o mesmo, mas de forma organizada para obter os benefícios adequados. A publicidade é o processo pelo qual a empresa apresenta o seu produto de forma sistemática ou estrategicamente planeada aos clientes. A publicidade pode ser feita sob a forma de gráficos ou não gráficos, o que significa que pode ser sob a forma de texto ou imagem. Alguns dos sítios de redes sociais são os seguintes

- **Facebook:** A rede social de crescimento mais rápido é o Facebook. O Facebook foi originalmente criado por Mark Zuckerberg em 2004 em Harvard e lançado em todo o mundo em setembro de 2006. Todas as pessoas que estão ligadas à Internet devem conhecer o Facebook. O Facebook tornou-se popular entre os clientes devido à sua simplicidade e facilidade de utilização. Hoje em dia, o Facebook não só é utilizado para gostar e partilhar conteúdos, como também é utilizado pelas empresas para promover os seus produtos. Atualmente, a conta do Facebook tornou-se um símbolo de estatuto. As pessoas já não utilizam o Facebook no computador, pois está ultrapassado. Com o avanço da tecnologia, hoje em dia a maioria das pessoas tem um smartphone. O utilizador ativo do Facebook utiliza-o permanentemente com a ajuda de smartphones. A cronologia é o elemento mais importante do Facebook, porque o utilizador recebe todas as actualizações na cronologia da sua conta do Facebook. Encontrar um amigo é outra funcionalidade do Facebook. Através dela, o utilizador pode estabelecer contactos com outras pessoas e partilhar as suas opiniões. O Facebook também tem a função de sugerir um amigo ao utilizador, como pessoas da mesma localidade ou local de trabalho que aparecem no segmento "pessoas que talvez conheça".

- **Twitter:** Jack Dorsey, Noah Glass, Biz Stone e Evan William criaram o Twitter em março de 2006 e este foi lançado em julho de 2006. O Twitter fornece serviços de redes sociais através dos quais as pessoas comunicam entre si e partilham as suas ideias sob a forma de "tweets". O comprimento máximo de um "tweet" é limitado a 140 caracteres. A terminologia utilizada no Twitter é "seguir pessoas" e as pessoas "seguirem-no".

- **Twitter:** Jack Dorsey, Noah Glass, Biz Stone e Evan William criaram o Twitter em março de 2006 e este foi lançado em julho de 2006. O Twitter fornece serviços de redes sociais através dos quais as pessoas comunicam entre si e partilham as suas ideias sob a forma de "tweets". O comprimento máximo de um "tweet" é limitado a 140 caracteres. A terminologia utilizada no Twitter é "seguir pessoas" e as pessoas "seguirem-no".

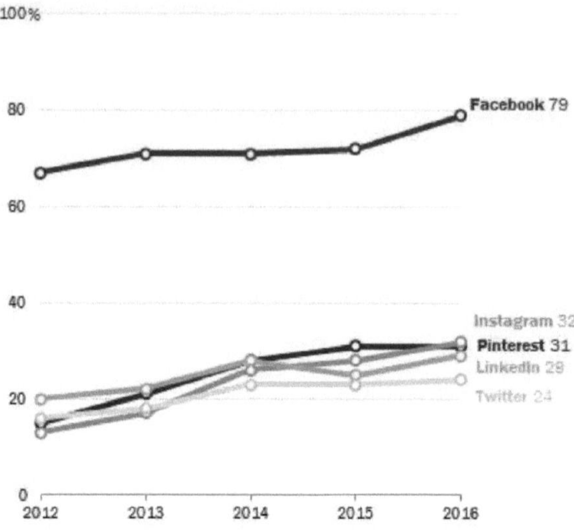

Figura 1.1: Popularidade do Facebook (Fonte - Inquérito realizado entre 7 de março e 4 de abril de 2016. "Atualização dos meios de comunicação social 2016" Centro de Investigação Pew)

- **Twitter:** Jack Dorsey, Noah Glass, Biz Stone e Evan William criaram o Twitter em março de 2006 e este foi lançado em julho de 2006. O Twitter fornece serviços de redes sociais através dos quais as pessoas comunicam entre si e partilham as suas ideias sob a forma de "tweets". O comprimento máximo de um "tweet" é limitado a 140 caracteres. A terminologia utilizada no Twitter é "seguir pessoas" e as pessoas "seguirem-no".

- **YouTube:** O YouTube é utilizado para carregar e partilhar vídeos. O YouTube foi inventado por Chad Hurley, Steve Chen e Jawad Karim e ativado em 14 de fevereiro de 2005. Mas a opção de carregamento de vídeo terá início a partir de 23 de abril de 2005. 'Me at the zoo' foi o primeiro vídeo a ser carregado no YouTube em 23 de abril de 2005.

As redes sociais são úteis para a promoção de produtos nas empresas. Os empresários utilizam as redes sociais para publicitar os seus produtos. É uma forma muito fácil e económica de as empresas publicitarem os seus produtos. Todas as organizações, grandes ou pequenas, têm uma página nas redes sociais e um número de pessoas ligadas a essa página. Sempre que houver uma atualização por parte da empresa, basta actualizá-la na sua página das redes sociais e a informação sobre a atualização será divulgada a grande velocidade entre as pessoas que estão ligadas à página da empresa nas redes sociais. A influência sobre o cliente é também uma grande vantagem das redes sociais. As redes sociais são uma área-alvo para todas as actividades empresariais, onde podem fazer publicidade aos seus produtos. Apesar de todas as empresas reservarem uma parte do seu orçamento para a publicidade do produto nas redes sociais. Por isso, vamos refletir sobre a importância das redes sociais para os empresários. De acordo com The Future of Social Media (And How to Prepare For It): The State of Social Media 2016 Report: conduzir o tráfego para o sítio Web é o principal desafio das redes sociais.

Os sítios de redes sociais não são utilizados apenas para fins comerciais, mas também estão disponíveis nas redes sociais muitos materiais relacionados com a vida académica, a partir dos quais os estudantes podem ler conteúdos de acordo com as suas necessidades, que serão úteis para os seus fins académicos e de investigação. A parte académica das redes sociais é muito útil para os académicos. Funciona como uma plataforma para os estudantes partilharem informações com outros estudantes de todo o mundo e esclarecerem as suas dúvidas.

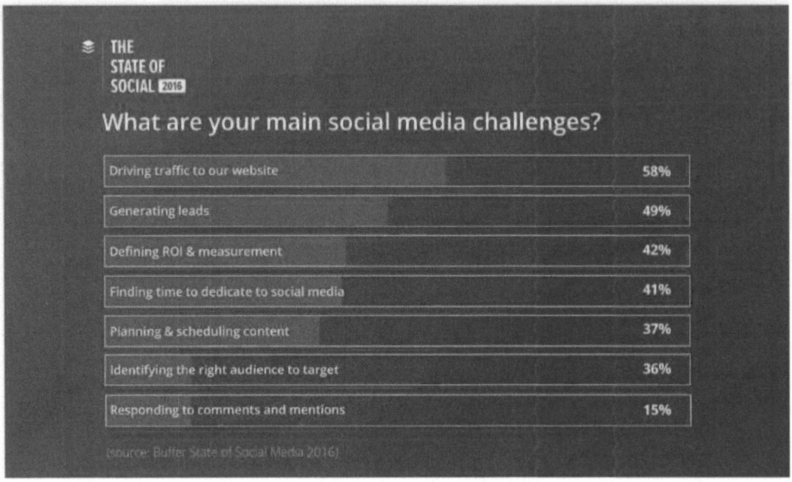

Fig 1.2: **Desafios dos media sociais (Fonte: O futuro dos media sociais (e como se preparar para ele): Relatório sobre o estado dos media sociais 2016)**

Isso significa que as redes sociais são úteis para todos os segmentos de pessoas no mundo. Numa empresa, o cliente é também uma pessoa importante. É muito necessário que uma empresa ouça o cliente. Quando uma empresa anuncia o seu produto nas redes sociais, o cliente envia as suas opiniões sob a forma de comentários sobre o produto. Por isso, é necessário ouvir o cliente para toda a organização, não só ouvir o cliente, mas também fazer de acordo com os clientes. Por vezes, o cliente envia comentários negativos sobre o produto. Nessa altura, para uma empresa, é necessário verificar e eliminar as falhas, caso existam, relacionadas com o produto. Como o cliente tem de utilizar estes produtos que são anunciados nas redes sociais pela empresa, se houver alguma atualização/alteração necessária na opinião do utilizador, é da responsabilidade da empresa responder ao utilizador. Ouvir o cliente também é útil para o influenciar para qualquer organização. A confiança foi criada entre o cliente e a empresa. Como resultado, o cliente deve promover o produto da empresa online ou offline, o que é, de facto, o objetivo da empresa. O marketing nas redes sociais significa a promoção do produto através da utilização da plataforma virtual das redes sociais. Com o marketing nas redes sociais, é utilizada a análise do acompanhamento de todo o progresso. Geralmente, todos os sítios de redes sociais têm as suas próprias ferramentas de análise do processo, que são úteis para verificar o estado do anúncio. É muito necessário fixar o objetivo do marketing nas redes sociais antes de começar. Os objectivos são os seguintes:

- Deve ter informações sobre o público-alvo do marketing nas redes sociais.

- Que tipo de mensagem a empresa pretende enviar através do marketing nas redes sociais

- O que uma empresa pretende alcançar com a utilização do marketing nas redes sociais.

Os sítios de redes sociais (SNS) fazem parte dos meios de comunicação social.

Facebook, Twitter, LinkedIn, Instagram, YouTube, Google+, etc. são exemplos de sítios de redes sociais (SNS). Com a popularidade da Internet, a popularidade das redes sociais também está a aumentar, pelo que os anunciantes estão a envidar mais esforços para comunicar com os consumidores. As organizações utilizam as redes sociais para comercializar os seus produtos, publicitá-los, aumentar o conhecimento da marca e reduzir os custos da publicidade.

A venda do produto deve aumentar, se a comercialização do produto for feita de forma sistemática ou planeada. O marketing não é um processo simples, deve ser efectuado de acordo com as

- Requisitos do cliente
- Tranquilidade do cliente

Para qualquer organização, é necessário interagir com o cliente, porque o cliente saberá melhor sobre as qualidades do produto, por exemplo, qual o produto durável, qual a qualidade do produto, etc. A interação com o cliente tem um papel significativo que é útil para aumentar a venda do produto. É também necessário que uma organização estabeleça uma interação pessoal com o cliente, uma vez que a organização utiliza o CRM (Modelo de Relação com o Cliente). O modelo de relacionamento com o cliente é apenas um plano organizado, através do qual a empresa interage com o cliente de forma sistemática. O principal objetivo do CRM é fazer com que os clientes interajam com a empresa seguindo os passos organizados do CRM. A relação a longo prazo entre o cliente e a empresa também é benéfica para a organização. A confiança é a base da relação a longo prazo. A confiança será construída entre a empresa e o cliente se a organização interagir com cada cliente pessoalmente e conhecer as opiniões do cliente sobre o produto. Uma vez que o produto tem de ser utilizado pelo cliente, é benéfico obter um feedback adequado do cliente sobre o produto. O CRM é uma parte da estratégia de marketing da empresa. O CRM terá as seguintes vantagens:

- Ao utilizar o modelo CRM, o preço do produto pode ser melhorado
- A eficácia do serviço ao cliente pode ser melhorada
- Os clientes que são benéficos para a empresa podem ser seleccionados pelo CRM

Hoje em dia, com a evolução da tecnologia, a forma de publicitar os produtos também está a mudar. Num ano anterior, o meio tradicional era utilizado para a comercialização de um produto por qualquer empresa que fosse demasiado popular e também útil para aumentar a venda do produto. O marketing tradicional era feito através da televisão, da rádio e da publicidade impressa. Mas com a mudança dos tempos, o marketing eletrónico passou a ser o marketing tradicional. Com os quadros de aprendizagem inovadores baseados no consumidor e na empresa, a forma de marketing tem vindo a mudar. Mas também é necessário alterar a estratégia de planeamento do marketing empresarial com a mudança de tecnologia. Num mercado, as empresas tanto podem ser pequenas como grandes. É demasiado difícil para as pequenas empresas fazer o marketing dos seus produtos gastando muito dinheiro, mas o marketing também é necessário hoje em dia para aumentar a venda de produtos nas empresas. Qualquer empresa, pequena ou grande, pode utilizar as redes sociais para comercializar os seus produtos. Para as pequenas empresas, as redes sociais são uma plataforma gratuita para a comercialização de produtos. A principal vantagem da utilização das redes sociais é o facto de esta plataforma apresentar riscos mínimos para qualquer empresa. A primeira coisa que qualquer empresa deve fazer é apresentar o produto da sua empresa ao cliente de uma forma organizada, o que significa que o principal objetivo de qualquer empresa é transferir informações sobre os seus produtos para os clientes de uma forma sistemática. Os clientes também desempenham um papel vital na divulgação de informações, bem como na apresentação das suas opiniões sob a forma de comentários. Quando um cliente pretende comprar um produto, tem de verificar as opiniões sobre o mesmo, que são publicadas pelos utilizadores das redes sociais numa publicação específica do produto. Não é necessário que as críticas publicadas pelo cliente sejam apenas positivas. Depende totalmente dos clientes, eles deram opiniões de acordo com a sua experiência com o produto. Depois de analisar as opiniões na publicação, o cliente decide se deve ou não comprar um produto. As opiniões sobre qualquer publicação de produto são uma parte considerável do marketing nas redes sociais. Como o cliente decide comprar o produto depois de analisar a crítica, as redes sociais também actuam como um sistema de apoio à decisão (DSS). Como um sistema de apoio à decisão é um processo em que estão disponíveis várias opções para completar uma tarefa ou para encontrar um determinado objetivo, estão disponíveis várias alternativas. Os comentários sobre qualquer publicação de produto são uma parte considerável do marketing nas redes sociais. Os comentários ou conteúdos não são publicados por uma única pessoa. Globalmente, qualquer pessoa pode partilhar os seus comentários sobre um determinado post. Todos os conteúdos nas redes sociais são conteúdos gerados pelo utilizador (UGC). Os conteúdos gerados pelo utilizador são os conteúdos gerados pelo utilizador que utiliza um sistema específico. Os conteúdos gerados pelo utilizador podem ter a forma de texto, vídeos, imagens, etc. A maior parte dos conteúdos gerados pelo utilizador são gerados em sítios de redes sociais. Os conteúdos gerados pelo utilizador são úteis para compreender os clientes, o que significa saber o que o utilizador pensa realmente sobre os produtos, o cliente ficará mais satisfeito ao ler os conteúdos gerados por outras pessoas. Numa empresa, para obter orientação para tomar qualquer tipo de decisão ou gerir uma empresa com êxito, existe um papel importante dos mavens. Os mavens são como um guia. Os mavens são pessoas especializadas que possuem conhecimentos completos sobre o negócio, como onde investir, o local de comercialização de cada produto, a altura certa para a comercialização, etc. Tal como acontece com o avanço da tecnologia, agora os negócios estão a mudar da forma tradicional para a online.

Agora, em vez de maven's, os e-maven estão a tornar-se parte do negócio. Os e-maven são como os maven's no sistema tradicional, a única diferença é que os e-maven têm informação completa sobre o negócio online ou são especialistas em fazer negócio online.

O Facebook, o Twitter e o Google+ são apenas uma componente de uma estratégia global para as redes sociais. Para além do marketing nas redes sociais, haverá outras formas de marketing. Como o correio eletrónico, SEO, anúncios online, marketing móvel e outros. O correio eletrónico tem o ROI mais elevado de todas as formas de marketing. De acordo com o relatório do Social Media Examiner de 2013, 87% utilizam o marketing por correio eletrónico, 61% investem em SEO e outros 59% participam no marketing de eventos.

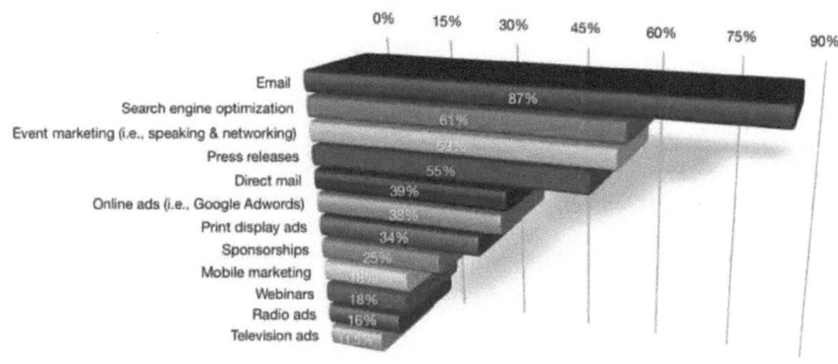

Fig 1.3: Utilização de outras formas de marketing (Fonte: Social media examiner report,2013)
A resposta do cliente é um fator importante para o sucesso de qualquer negócio.

Assim, com a vantagem de comercializar a empresa através das redes sociais, as redes sociais permitem que o marketing seja popular. A informação sobre o produto é demasiado necessária para ser partilhada com o cliente, para que este tenha conhecimento do produto. Com o conhecimento do produto, o cliente pode promovê-lo online ou offline. A publicidade nas redes sociais só será beneficiada se o número máximo de utilizadores nas redes sociais gostar, partilhar e comentar a publicação do produto. Como a publicação do produto obteve estas acções, a informação sobre o produto será difundida entre o número máximo de pessoas nas redes sociais, que é a primeira preferência de qualquer empresa. De acordo com o especialista em Marketing nas Redes Sociais, a popularidade dos produtos depende da máxima divulgação da informação sobre o produto entre a população máxima. A tarefa das empresas não fica concluída apenas após a publicação do anúncio, mas depois disso têm de verificar as opiniões sobre a publicação, dar resposta às questões colocadas pelos clientes sobre o produto, alterar a estratégia de marketing, se necessário. Os passos seguintes devem ser considerados durante a comercialização:

- Fazer uma pesquisa específica sobre o produto
- Elaborar uma estratégia específica de promoção dos produtos
- Planeamento específico para a venda de produtos

A discussão saudável terá lugar se houver um grande grupo de pessoas que estejam a comunicar sobre o produto nas redes sociais. Uma discussão saudável sobre o produto ajuda a melhorar a qualidade do produto. Em anos anteriores, a comunicação com os clientes era feita através do WOM (World of Mouth). Através do qual o cliente dá as suas opiniões sobre o produto por comunicação direta com a organização. O WOM também era utilizado para influenciar o cliente a comprar um produto. Mas com a mudança da tecnologia, o WOM foi atualizado para eWOM (electronic World of Mouth). O eWOM é uma parte alargada do WOM. No eWOM, as empresas comunicam com os clientes através do envio eletrónico de uma mensagem de texto ou imagem nas redes sociais.

O desafio mais difícil para os profissionais de marketing nas redes sociais é o retorno do investimento (ROI), porque a medição da eficácia do marketing nas redes sociais não é clara. O ROI pode ser definido como um desempenho calculado durante a avaliação da eficiência do investimento. O ROI pode ser medido pelo montante do retorno de um investimento em relação ao custo do investimento. O marketing das redes sociais será eficaz ou não, dependendo diretamente do retorno do investimento. Em termos simples, o ROI das redes sociais é o resultado dos esforços de uma empresa para promover a marca nos sítios de redes sociais. O resultado é o que, idealmente, é medido em termos de dinheiro.

As estratégias de marketing para as redes sociais têm de seguir um mecanismo baseado na confiança. A utilização de um mecanismo baseado na confiança para o marketing nas redes sociais será definitivamente útil para influenciar o cliente a comprar produtos em linha. As redes sociais e a confiança estão interligadas. Um elevado nível de confiança entre as pessoas ajudará a comprar um produto através do marketing nas redes sociais A confiança é um fator importante que desempenha um papel importante em muitas relações A confiança será útil para

- Diminuir o custo da transação

• Riscos mais baixos

• Ajuda para aumentar o crescimento do produto

A confiança pode ser construída entre pessoas que se conhecem ou não se conhecem. Da mesma forma, as empresas têm de utilizar um plano organizado para que o cliente confie nelas. Com o aumento da confiança entre o cliente e a organização, será útil aumentar a venda do produto de uma forma significativa. Quando o cliente pensa em comprar um produto, há muitas confusões na sua mente: o produto que vai comprar através do marketing nas redes sociais é de que qualidade, o produto é durável ou não. Assim, todos estes factores estão relacionados com a confiança do cliente na estratégia de marketing nas redes sociais. O planeamento do marketing nas redes sociais deve ser feito de forma a que o cliente tenha influência sobre o produto e confie nele. Com o aumento da interação social dos consumidores, os clientes comunicarão entre si e estabelecerão relações comerciais com outros clientes, o que se tornará uma fonte de confiança. Há uma série de factores que devem ser considerados pela organização durante a comercialização e a venda do produto em linha:

- A qualidade do produto deve ser idêntica à descrita na descrição

- O custo do produto não deve ser superior ao preço de mercado

- A empresa deve responder a todos os pedidos de informação dos clientes

- Os termos e condições da empresa para a venda do produto devem ser transparentes.

Numa estratégia de marketing de sítios de redes sociais, o comércio social é também um fator considerável. O comércio social é uma combinação de meios de comunicação social e comércio eletrónico, o que significa que a compra e venda de produtos é feita através da utilização de redes sociais.

Não foi tarefa fácil influenciar as empresas e os clientes a utilizarem uma nova tecnologia. Há uma série de factores que têm de ser considerados para a adoção de uma nova tecnologia. Davis (1989) sugere um modelo de aceitação da tecnologia (TAM), que é uma teoria do sistema de informação. De acordo com o modelo TAM, há dois factores que devem ser considerados pela organização ou pelo cliente para a adoção de uma nova tecnologia, como a PU e a PEOU.

- **Utilidade percebida** (PU) - O grau em que uma pessoa acredita que a utilização de um determinado sistema melhoraria o seu desempenho profissional.

- **Facilidade de utilização percebida** (PEOU) - O grau em que uma pessoa acredita que a utilização de um determinado sistema será isenta de esforço

Com o avanço da tecnologia, é demasiado difícil para uma empresa vender o seu produto ao cliente, porque, no cenário atual, existe uma concorrência no mercado. O mesmo tipo de produto está disponível no mercado de diferentes fabricantes. Por isso, é tarefa da empresa atrair para o seu produto um número diferente de produtos com a mesma natureza. É necessária uma estratégia sistemática para que uma empresa possa vender os seus produtos de forma eficaz. Atualmente, não pode acontecer que a empresa faça um produto e envie imediatamente o marketing para o vender e o cliente compre esse produto. É um sonho atual para as empresas. Assim, para vender um produto num mercado competitivo, é necessária uma estratégia específica que se chama Marketing. Marketing significa estabelecer contacto com pessoas no mercado ou estabelecer relações pessoais com clientes num mercado e descrever as características do produto ao cliente de uma forma eficiente. Assim, o cliente ficará impressionado e estará pronto para comprar o produto. Todo este processo de convencer o cliente a comprar um produto é designado por marketing. Atualmente, cada empresa reserva uma grande parte do seu orçamento para fins de marketing. Em marketing, E. Jerome McCarthy descreve os 4 P's do marketing. Os 4 P's são os seguintes:

- Produto

- Local

- Preço

- Promoção

Produto:

Trata-se de um artigo que a empresa pretende vender. Os artigos podem ser quaisquer, tais como produtos alimentares, livros, roupas, etc., dependendo totalmente da natureza da empresa para produzir produtos.

Local:

Cada local não é adequado para todos os produtos a vender. É também necessário para a empresa, durante a comercialização, selecionar um local específico para venda de acordo com a natureza do produto.

Por exemplo, uma empresa planeou vender os seus produtos numa aldeia, mas, na realidade, os produtos dizem respeito a pessoas da cidade. Então, este será o local errado para vender o produto. Assim, é claro que a venda de produtos pela empresa é também uma questão de decisão boa ou correcta.

Preço:

O preço de um produto fixado pela empresa também é muito importante. O preço do produto deve ser decidido pela empresa tendo em conta a natureza do produto, o local de venda, a procura do produto no mercado, etc. A procura de um produto é um fator importante relacionado com o preço de um produto. Isto significa que o preço de um produto pode ser alterado de acordo com a procura do produto.

Promoção:

A promoção de um produto após a seleção do local de venda e a decisão do preço é uma fase importante. A promoção de um produto faz parte do marketing. A promoção é também uma parte muito importante da venda de um produto. Através da promoção, a empresa fornece informações sobre o produto, como a qualidade, a comparação com o mesmo produto de outras empresas no mercado, etc. Na verdade, o principal objetivo da promoção é satisfazer o cliente e criar confiança nesse produto. Assim, no futuro, o cliente comprará esse produto.

Antes de iniciar a comercialização, é essencial que a pessoa selecionada para a comercialização tenha um conhecimento completo da empresa, bem como do produto que está a vender. O método de marketing não é igual para todos, pode ser alterado de pessoa para pessoa. Existem diferentes estratégias de marketing, que serão aplicadas consoante as situações. Alguns tipos inovadores de marketing são os seguintes

- **Marketing relacional:** É uma forma muito eficaz de aumentar a venda de produtos, em que a empresa constrói uma relação a longo prazo com o cliente em vez de o incentivar a comprar produtos uma única vez. Por vezes, o cliente compra um produto de uma empresa mas, passado algum tempo, recusa-se a comprar o mesmo produto, o que pode acontecer porque o cliente não está satisfeito com o serviço de apoio ao cliente, não encontrou qualquer intenção por parte da empresa. Assim, para evitar este tipo de situação e aumentar as vendas do produto, é necessário estabelecer uma relação com o cliente num mercado competitivo.

- **Mobile Marketing:** Com o avanço da tecnologia, é também um marketing inovador e de processamento rápido. O marketing móvel atinge diretamente o cliente. O marketing móvel significa enviar informações sobre o produto da empresa diretamente para o telemóvel do cliente sob a forma de anúncios. Com o aumento do número de utilizadores de telemóveis a cada dia que passa, é uma forma eficaz de marketing. A empresa realiza o marketing móvel com o envio de mensagens promocionais aos clientes através de SMS, Whatsapp, etc., e anuncia os seus produtos através de aplicações para telemóveis, etc. A principal vantagem do marketing móvel é o facto de o cliente obter informações sobre o produto imediatamente após a sua publicação pela empresa.

- **Marketing direto**

No marketing direto, o cliente é diretamente visado pela empresa. Neste caso, foi enviada uma mensagem direta ao cliente para que este realize uma ação específica, como um "convite à ação"

- **e-Word to Mouth Marketing (eWOM):** De uma forma tradicional, a empresa utilizará o Word

mas com o avanço da Internet e-Word de

Mouth foi atualizado para e-Word of Mouth marketing. Em comparação com

Fig. 1.4: Diferentes canais de marketing

No eWOM, as pessoas não comunicam umas com as outras para divulgar informações sobre o produto. No eWOM, toda a comunicação será efectuada através da utilização de blogues, críticas em linha, etc.

- **Marketing por correio eletrónico:** O marketing por correio eletrónico é uma outra forma inovadora de comercialização de produtos pela empresa. O marketing por correio eletrónico é utilizado pela empresa para atingir um grupo de pessoas. Neste marketing, a empresa envia o material promocional do seu produto por correio eletrónico para um grupo de pessoas ao mesmo tempo.

Para além das estratégias de marketing acima referidas, num cenário atual, a comercialização de produtos tem sido feita através de sítios de redes sociais (SNS). Esta estratégia é também designada por Social Media Marketing. Com a inovação do Smartphone e o crescimento da Internet de dia para dia, as pessoas estão regularmente ligadas a sites de redes sociais. Atualmente, todas as organizações utilizam os sítios de redes sociais (SNS) para promover os seus produtos, o que significa que o marketing do produto é feito através das redes sociais. O marketing feito nas redes sociais requer um planeamento bem definido para obter resultados benéficos. A comercialização de produtos nas redes sociais pode ser feita através de texto, vídeos ou imagens, etc. Na última década, as empresas utilizavam a forma tradicional de comercialização dos seus produtos. Mas com o avanço da tecnologia, uma em cada sete pessoas está ligada a sítios de redes sociais. As redes sociais são geralmente utilizadas pelos utilizadores para partilhar os seus vídeos com os amigos que estão na sua lista de amigos, o que significa que a informação pode ser partilhada através da publicação de uma mensagem nas redes sociais. Mas, com o aumento do número de utilizadores das redes sociais, as empresas atraíram-se para os sítios de redes sociais e encontraram uma plataforma para comercializar os seus produtos. Para as empresas, é uma forma fácil e eficaz de comercializar os seus produtos de forma efectiva. As plataformas das redes sociais têm as suas próprias ferramentas analíticas, que são úteis para as empresas fornecerem informações sobre o seu progresso, sucesso, etc. No marketing nas redes sociais, não é necessário falar diretamente com os clientes sobre o produto, uma vez que as empresas publicam informações sobre os produtos através de anúncios e os utilizadores das redes sociais ficam automaticamente informados sobre os produtos.

Para obter bons resultados dos sítios de redes sociais como ferramenta de marketing, o fator planeamento é muito importante. Se uma empresa iniciar o marketing nas redes sociais sem qualquer planeamento, é possível que se depare com problemas no sucesso das promoções em vez de obter os benefícios do marketing. Marketing através de sítios de redes sociais. As vantagens do marketing nas redes sociais são as seguintes

- O conhecimento da marca foi aumentado

- Custo-eficácia

- Aumentar a satisfação do cliente

- Melhoria da fidelidade à marca

- Estabelecer a confiança dos clientes

- Estabelecer uma relação de longo prazo entre o cliente e a empresa

- Melhorar o tráfego do sítio Web

- Dados das redes sociais úteis para a tomada de decisões

- Aumentar a venda

- Mensagem difundida entre um grande número de pessoas

Assim, diferentes estratégias de marketing serão implementadas em diferentes negócios. Depende da natureza de um negócio, que tipo de estratégia de marcação será implementada.

Capítulo 2

Papel crescente das redes sociais no marketing

Num mundo digital, é a melhor oportunidade para uma organização específica ou uma marca específica estabelecer uma ligação direta com os seus clientes através das redes sociais. As redes sociais produzem todas as formas possíveis através das quais as marcas podem mostrar ou apresentar os seus produtos aos seus clientes de uma forma específica. Ao utilizar as redes sociais, as marcas podem ter a oportunidade de se relacionar com os clientes de uma forma mais profunda e saber quais são as exigências dos clientes ou quais são as expectativas dos clientes em relação à marca ou organização no que diz respeito a produtos específicos. Em anos anteriores, algumas organizações aderiram ao sistema de marketing tradicional. Essas organizações não confiavam nas redes sociais como ferramenta de marketing. Pensam que as redes sociais só são utilizadas para uma perspetiva social. Mas, com o avanço da tecnologia, todas as organizações farão o marketing dos seus produtos através da utilização das redes sociais de forma planeada. Num mercado competitivo, nenhuma marca pode ignorar o poder das redes sociais. Apenas as marcas que conseguem atingir uma taxa de lucro elevada podem tratar as redes sociais como um sistema de promoção de elevada influência. O que significa que o cliente será altamente influenciado pela publicidade nas redes sociais. Com o aumento da taxa de influência, as oportunidades de aumentar o lucro das marcas na promoção dos seus produtos aumentarão em grande medida. Com o crescimento do marketing digital, o crescimento do marketing nas redes sociais também se reflecte. Para além do sistema de marketing tradicional, as empresas estão agora prontas para utilizar a tecnologia digital para a promoção dos produtos. A promoção de produtos terá mais benefícios se tudo for feito de forma estratégica. As redes sociais também actuam como uma extensão do :

- Comunicação entre empresas

- Comunicação entre empresas e consumidores

O principal aspeto da utilização das redes sociais como ferramenta de marketing é que será útil para o utilizador partilhar ou discutir o conteúdo de qualquer produto na Internet. O debate nas redes sociais deu resultados frutuosos, uma vez que pessoas de diferentes áreas geográficas podem participar no debate sobre um produto específico. Com a sugestão de pessoas de diferentes localizações, o resultado da discussão sobre os produtos será melhor. As redes sociais, enquanto ferramenta de marketing, ajudam a aumentar as vendas e a reputação de uma empresa e de uma marca. Os diferentes aspectos dos consumidores, como a sensibilização, a atitude, a comunicação durante a compra, a comunicação após a compra e a avaliação, serão influenciados pelas redes sociais. No mercado, existem diferentes redes sociais, como o Facebook, o Twitter, o LinkedIn, etc., que são opções disponíveis para as organizações promoverem as suas marcas. Cabe à organização escolher a rede social que vai utilizar para comercializar o seu produto, tendo em conta diferentes factores, como a popularidade da rede social, o número de utilizadores ligados a uma rede social específica, etc.

Lazer e Kelly (1973) definem o marketing social como "a aplicação dos conhecimentos, conceitos e técnicas de marketing para melhorar os fins sociais e económicos. Também se preocupa com as consequências da análise das políticas, decisões e actividades de marketing". As redes sociais são agora uma tendência entre as pessoas e, por essa razão, são uma grande plataforma para as marcas apresentarem os seus produtos nas redes sociais. Isto não significa que a plataforma das redes sociais seja útil apenas para promover produtos de grandes organizações, mas também para promover produtos de pequenas organizações. Assim, o marketing nas redes sociais é um sistema de marketing de custo zero em comparação com o marketing tradicional.

Fig 2.1: Estratégia de marketing nas redes sociais (Fonte: Social Media Marketing Plan For The Second Half of The Year 2015)

As redes sociais permitem que diferentes marcas comuniquem entre si. Com as redes sociais, as marcas utilizam as suas melhores possibilidades para envolver os clientes. Quase todas as marcas têm o seu próprio sítio Web para comercializar os seus produtos. Mas algumas marcas também utilizam aplicações móveis para comercializar os seus produtos de forma eficiente, o que indica que as marcas se concentram totalmente no utilizador do sítio Web e no utilizador móvel. A comercialização de produtos através das redes sociais é uma grande abertura para uma empresa, mas se uma organização evitar a utilização das redes sociais como ferramenta de marketing, isso dará uma oportunidade aos concorrentes de captarem o seu público. Se um cliente tiver qualquer tipo de problema com um produto ou quiser obter informações sobre um produto, isso pode ser feito de forma muito simples através do sistema de feedback das redes sociais. Em 2017, de acordo com o Social Media Marketing Industry Report, existem duas vantagens do marketing nas redes sociais: aumentar a exposição e aumentar o tráfego. 88% dos inquiridos afirmaram que os seus esforços nas redes sociais geraram uma maior exposição para melhorar a sua atividade e 78% comunicaram resultados positivos em termos de aumento do tráfego.

Os meios de comunicação social são uma combinação de duas palavras, ou seja, social e media. Media significa promover algo através da publicidade. Social significa interação entre duas ou mais pessoas, que discutem algumas questões e obtêm resultados frutuosos que são benéficos para o seu negócio. Assim, os meios de comunicação social são um meio através do qual as pessoas partilham as suas opiniões sobre produtos e os promovem numa plataforma, para que outras pessoas obtenham informações sobre esse produto de forma fácil e eficaz. Apesar da aquisição de bens através de visitas a lojas, as tendências actuais de compras em linha têm vindo a aumentar em grande medida. Mas, antes de aumentar a venda de produtos online, é necessário que a organização anuncie os seus produtos online. Com o avanço da tecnologia, a maioria dos consumidores utiliza a Internet, e as marcas também monitorizam o número de utilizadores que aumenta diariamente. O marketing será mais eficaz se houver um grande número de utilizadores. Nos anos anteriores, com a utilização do marketing tradicional, tudo era feito através da rádio, da imprensa escrita, etc. Mas agora o marketing tradicional mudou para o marketing moderno, como o marketing em linha ou o marketing nas redes sociais. A publicidade de produtos em linha é designada por marketing digital e a publicidade de produtos através das redes sociais é designada por marketing nas redes sociais. O marketing nos meios de comunicação social consiste na comercialização dos seus produtos através de blogues, comercialização de produtos através de redes sociais, utilização de vídeos em linha, partilha de imagens, notícias, etc. De acordo com o Social Media Marketing India Trends Study 2016, as plataformas mais populares são o Facebook e o Twitter para o marketing nas redes sociais, seguidos do YouTube e do LinkedIn. Durante a comercialização através das redes sociais, devem ser considerados os seguintes factores para aumentar o papel das redes sociais no marketing:

- O conteúdo de alta qualidade é um fator que será útil para fazer um marketing eficaz de um produto nas redes sociais.

- É necessária uma resposta rápida às questões colocadas pelos consumidores nas redes sociais. A resposta rápida também será útil para aumentar a comercialização de produtos de forma eficaz.

- O marketing está relacionado com o fornecimento de informações sobre os produtos aos consumidores. A forma mais interactiva de marketing é dar informações sobre os produtos. A partilha de informações sobre os produtos deve ser feita através da partilha frequente de imagens ou vídeos. Mas só será eficaz se a imagem ou os vídeos explorarem informações completas sobre o produto, bem como a imagem ou os vídeos devem ser concebidos de forma muito atractiva.

- A hora e a data são também um fator eficaz para a comercialização de um produto através das redes sociais. Por exemplo, um produto que será utilizado de manhã deve ser publicado numa hora da manhã numa rede social em vez de à noite ou em qualquer outra altura do dia. Assim, de acordo com as utilizações de um produto, o marketing do produto deve ser feito nessa altura do dia. Por isso, antes de comercializar estes produtos específicos, é necessário verificar as datas de utilização dos mesmos. Por exemplo, o produto utilizado no festival Diwali, no festival Holi, no Ano Novo, etc., só será publicitado perto dos eventos acima referidos.

O marketing nas redes sociais não significa que o cliente vai aceder à página inicial da marca, mas sim que o marketing nas redes sociais é um processo planeado através do qual o cliente será influenciado pela estratégia de marketing da empresa e estará pronto a comprar produtos. Um estudo mais recente, "The State of Little Business Review", patrocinado pela System Solutions, LLC e pela Robert H. Smith School of Business da Universidade de Maryland, aponta as dificuldades económicas como o catalisador da rápida reputação das redes sociais. Os resultados da investigação mostram que a utilização das redes sociais pelos proprietários de pequenas organizações aumentou de 12% para 24% nos últimos tempos, e quase 1 em cada 5 utiliza definitivamente as redes sociais como um elemento da sua técnica de marketing online. As pequenas empresas utilizarão as seguintes utilizações do marketing das redes sociais

(Neti, 2011):

- 75% das pequenas empresas têm uma página de empresa num sítio de rede social.

- 69% das empresas publicam o seu artigo em sítios de redes sociais.

- 54% monitorizam o feedback sobre a empresa.

- 39% farão a manutenção do blogue.

Atualmente, as redes sociais desempenham um papel importante no marketing, porque, com a utilização da tecnologia, o número de utilizadores das redes sociais aumenta de dia para dia. As empresas utilizam as redes sociais para publicitar os seus produtos de forma eficaz. Atualmente, diferentes sectores estão a utilizar as redes sociais a diferentes ritmos para o marketing. As indústrias estão a tentar abranger mais clientes através das redes sociais. As marcas têm principalmente três objectivos para marcar presença nas redes sociais, nomeadamente, criar consciência sobre os seus produtos de forma eficaz, construir uma comunidade e envolver os seus clientes através de ofertas.

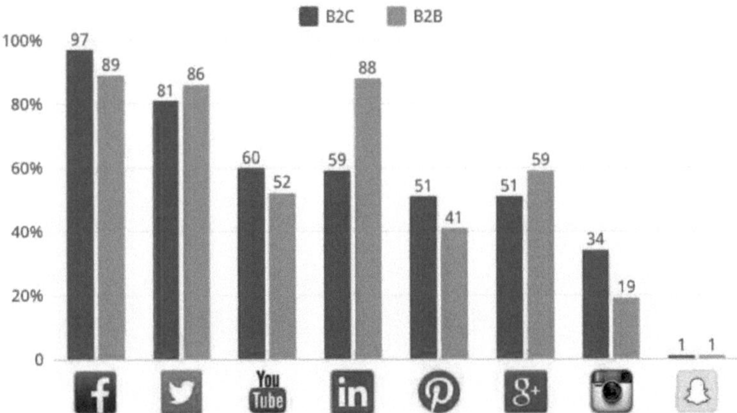

Fig 2.2: Como os profissionais de marketing utilizam as redes sociais (Fonte: Social media examiner, 2014)

As empresas estão a selecionar as redes sociais para publicitar os seus produtos tendo em conta vários factores, como o número de utilizadores das redes sociais, o serviço de apoio ao cliente prestado pelas redes sociais, as funcionalidades disponibilizadas pelas redes sociais para publicitar produtos, etc. As redes sociais têm o poder de publicitar os produtos da empresa de forma inovadora e eficaz. O marketing digital fornece técnicas de publicidade de produtos de forma eficaz quando o marketing tradicional falha. Por esse motivo, as empresas estão agora a optar pelo marketing digital ou pelo marketing nas redes sociais para dar a conhecer a marca dos seus produtos. O Facebook é a principal plataforma de redes sociais para as empresas. De acordo com o relatório The Future of Social Media (And How to Prepare For It): The state of Social Media 2016 Report, 93% das empresas utilizam o Facebook como meio de comunicação social para a promoção dos seus produtos. A seguir ao Facebook, vem o Twitter, utilizado pelas empresas para a publicidade das suas marcas.

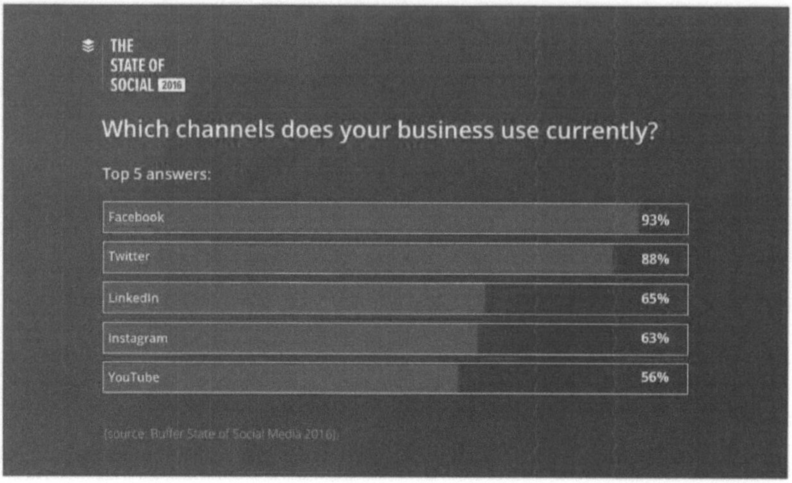

Fig 2.3 : Utilizações de sítios de meios de comunicação social no comércio (Fonte: O futuro dos media sociais (e como se preparar para ele): Relatório sobre o estado dos media sociais 2016)

De acordo com o Social Media Marketing India Trends Study 2016, agora, as marcas vão utilizar o seu orçamento de 31% para o marketing nas redes sociais, sendo que nos anos anteriores era de 16%. A partir daqui, deve ser considerável o quanto as marcas levam a sério o marketing nas redes sociais, pois com o aumento do número de utilizadores nas redes sociais, com o aumento das vendas através da publicidade nas redes sociais, as marcas também aumentam o orçamento de marketing através das redes sociais. Muitas organizações monitorizam o seu marketing nas redes sociais e existe um departamento específico numa organização cuja tarefa é apenas atualizar as suas páginas nas redes sociais e responder imediatamente a todas as questões dos clientes nas páginas das redes sociais. Porque isto também faz parte da estratégia da organização, responder às questões dos clientes e atualizar as páginas das redes sociais será útil para influenciar o consumidor, o que faz parte da estratégia de marketing nas redes sociais. Existe uma relação entre o tempo que os utilizadores passam nas redes sociais e o seu tempo semanal de dedicação. Para as pessoas que estão a começar a utilizar as redes sociais (menos de 12 meses de experiência), 54% passam 5 ou menos horas por semana. No entanto, entre as pessoas que já o fazem há 2 anos ou mais, pelo menos 64% passam 6 horas ou mais por semana em actividades nas redes sociais.

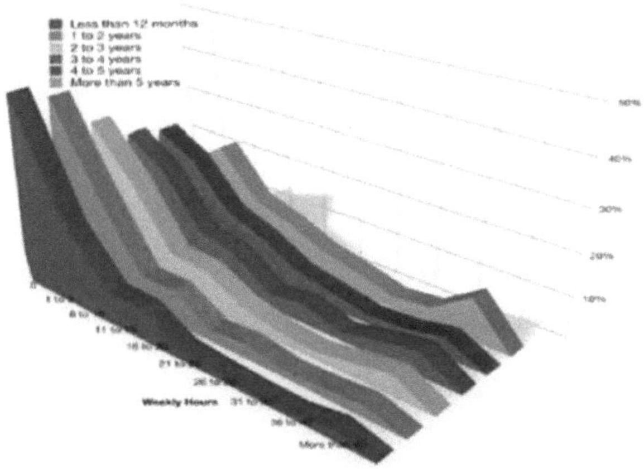

Fig 2.4: Utilizações das redes sociais pelos profissionais de marketing (Fonte: Social media marketing Industry Report, 2016)

Hoje em dia, todos os retalhistas em linha utilizam as redes sociais como instrumento de marketing. Todos os retalhistas em linha, como a Amazon, Flipkart, Shopclues, Snapdeal, Paytm, etc., têm a sua página nas redes sociais. O papel das redes sociais tem vindo a aumentar de dia para dia, para a promoção de produtos por parte das organizações. As redes sociais fornecem uma plataforma às marcas para promoverem os seus produtos de uma forma estratégica. Com o aumento do número de utilizadores e a publicidade de todos os retalhistas em linha, as vendas de produtos aumentaram em grande medida. A venda do produto aumenta com a publicidade do produto, pelo que os meios de comunicação social serão utilizados de forma eficaz. A marcação do produto não está apenas ligada à publicidade do produto, mas, num marketing, é necessário utilizar um certo número de estratégias para as aplicar em função da situação ou das necessidades. As estratégias de venda de um produto não podem permanecer sempre as mesmas, sendo muito variáveis de tempos a tempos. O marketing de produtos consiste na forma de apresentar os produtos da marca ao cliente de uma forma específica ou com um planeamento específico. O marketing deve ser demasiado eficaz se for feito através da utilização de imagens ou vídeos em vez de apenas texto, mas a parte essencial do marketing é que a imagem ou o vídeo sejam atractivos. Assim, o cliente sentirse-á automaticamente atraído por eles, o que aumentará a venda do produto. O retalhista e o comerciante utilizam as páginas das empresas nas redes sociais para chegar às empresas e também oferecem uma nova forma de fazer compras de forma eficaz. "Os desenvolvimentos relacionados com a tecnologia, como o surgimento de motores de pesquisa potentes, dispositivos e interfaces móveis avançados, veículos de comunicação entre pares e redes sociais em linha, alargaram a capacidade dos profissionais de marketing para chegarem aos compradores através de novos pontos de contacto" (Shankar et al. 2011, 30).

O número de utilizadores das redes sociais aumenta de dia para dia. De acordo com www.neotector.com, o número de utilizadores das redes sociais é de 0,97 milhões e aumentará para 2,72 milhões em 2019.

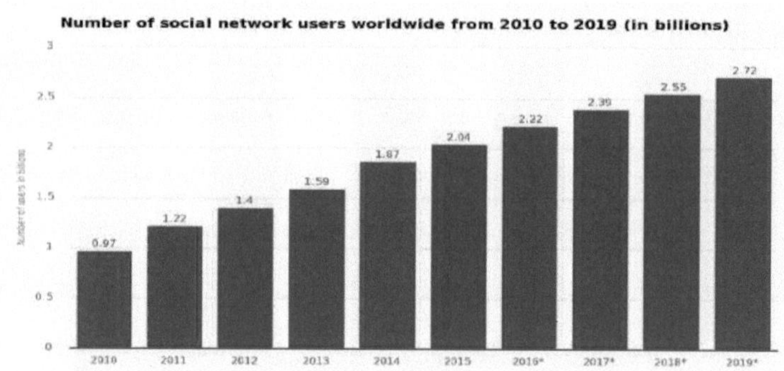

Fig 2.5: Número de utilizadores de redes sociais em todo o mundo de 2010 a 2019 (em milhares de milhões) (Fonte: eMarketer,2016)

Assim, com o grande número de utilizadores, as empresas farão estratégias de marketing para atrair pessoas com uma nova campanha. Com a utilização das redes sociais, a empresa lançará novas ofertas, que serão divulgadas entre as pessoas num período de tempo limitado através da utilização das redes sociais. Em qualquer meio de comunicação social, os vídeos de produtos de marketing têm um grande efeito. Atualmente, as empresas querem fazer marketing através da criação de mais vídeos de conteúdos, em comparação com o marketing apenas por texto. Para o marketing, as pessoas utilizam o Facebook e o YouTube como um canal-chave para publicar conteúdos de vídeo com as estratégias eficazes das redes sociais. As empresas oferecem oportunidades aos clientes através de formas novas e existentes. O marketing nas redes sociais não terá um desempenho eficaz devido às seguintes razões

- A estratégia de marketing nas redes sociais não está claramente definida

- Os objectivos das organizações não estão definidos

- Não ouvir o cliente

- Má resposta ao cliente

- Não será definida uma estratégia para a partilha de conteúdos

No marketing dos meios de comunicação social, o planeamento do marketing dos meios de comunicação social deve ser claramente definido. Se a estratégia for clara, é fácil implementá-la de forma planeada. Assim, a eficácia do SMM (Social Media Marketing) será aumentada. Numa empresa, não existe uma estratégia única para todas as empresas. Dependendo dos clientes, dos serviços e dos objectivos das empresas, a estratégia varia de empresa para empresa. A estratégia das empresas será alterada e esta mudança de estratégia é também necessária para obter mais benefícios. Uma estratégia será aplicada a outra se a natureza das duas empresas for a mesma, se o número de clientes for diferente entre as empresas. Para a comercialização de um produto, pode haver dois tipos de público. A primeira audiência é aquela que já foi captada, que já visita o sítio Web da empresa e que tem confiança na empresa ou na marca. Numa segunda audiência, as empresas têm de chegar a outras pessoas, para isso têm de utilizar as redes sociais para atingir clientes que ainda não estão sob a sua influência.

Existem várias ferramentas que são úteis para o marketing nas redes sociais e que completam o processo de marketing de uma forma eficaz. Estas ferramentas de marketing nas redes sociais são úteis para partilhar conteúdos, carregar a sua publicação numa hora específica ou de acordo com a sua agenda, medir e analisar a eficácia das suas campanhas. Com a utilização destas ferramentas, o profissional de marketing das redes sociais interage com o cliente de forma criativa e obtém informações completas sobre os seus esforços. Algumas das ferramentas que são úteis para o marketing nas redes sociais são as seguintes: :

- **Tampão**

A ferramenta mais popular utilizada no marketing das redes sociais é a ferramenta Buffer. O Buffer tem uma funcionalidade de análise simples. Com a ferramenta Buffer, é possível programar qualquer tipo de publicação. Com a ferramenta Buffer, a partilha de conteúdos pode ser feita em várias contas. Com o Buffer, a publicação de dados pode ser programada "todos os dias" ou "dias da semana", definindo um horário em que os dados são publicados automaticamente de acordo com o horário definido. O Buffer também é útil para verificar qual é a publicação mais eficaz e quais são os motivos para ser mais eficaz.

- **Hootsuite**

O Hootsuite é uma ferramenta poderosa e completa para os profissionais de marketing dos média. Com o Hootsuite, é possível fundir 35 plataformas de redes sociais. Com a plataforma Hootsuite, todas as contas de redes sociais podem ser controladas num único painel de controlo. O Hootsuite pode agendar publicações em diferentes plataformas e também acompanhar o desempenho dos conteúdos.

- **ConhecerEdger**

O MeetEdger é uma ferramenta de agendamento de redes sociais. É capaz de organizar todas as publicações de acordo com a categoria e, em seguida, publica automaticamente os conteúdos de cada categoria. Depois de passar por todas as publicações que foram agendadas, começa a reciclar as actualizações mais antigas.

- **IFTTT**

IFTTT significa "If this, then that" (Se isto, então aquilo). Todos os principais serviços de redes sociais funcionam com o IFTTT. No IFTTT, diferentes ferramentas combinam-se para criar um único conjunto de instruções.

- **SocialOomph**

Esta ferramenta parece ser mais simples do que outras. É diferente de outras ferramentas porque o utilizador pode carregar uma grande quantidade de actualizações de uma só vez.

- **Everypost**

O Everypost facilita a seleção de conteúdos visuais a partir de uma variedade de fontes, a personalização e a programação de publicações, bem como um maior controlo sobre as suas páginas sociais. O Everpost é uma solução de publicação tudo-em-um que é a forma mais simples e conveniente de partilhar conteúdo multimédia em várias plataformas sociais como o Facebook, Twitter, Google+, Linkedin.

- **Vento de cauda**

O Tailwind é uma ferramenta que o ajuda a ter sucesso no Pinterest e no Instagram. No Pinterest, pode afixar em vários quadros ao mesmo tempo, carregar em massa e agendar publicações com o calendário de arrastar e largar.

O ponto mais importante sobre estas ferramentas de análise das redes sociais é que todas as ferramentas só serão eficazes se o profissional de marketing as utilizar com alguma estratégia.

Capítulo 3
Tendências futuras

O âmbito futuro de uma atividade ou de um projeto está relacionado com as alterações do projeto nos próximos anos. As alterações podem ser pequenas ou grandes, dependendo da utilização do projeto ou da atividade. O âmbito de qualquer projeto também faz parte do planeamento de um projeto. No planeamento de um projeto, o objetivo, as tarefas, os custos e os prazos são discutidos de forma explicativa e, com estes elementos, é possível prever o âmbito de um projeto. Na Índia, existem mais de 900 canais de televisão privados, bem como mais de 250 canais de rádio. Estes canais são também utilizados para a comercialização de produtos por organizações empresariais. Mas a comercialização de um produto através destes canais é demasiado cara. Mas a comercialização de um produto através das redes sociais é demasiado popular e menos dispendiosa do que nos canais de comercialização tradicionais. Nesta era, a interação entre as pessoas tem sido feita através das redes sociais, em comparação com a interação pessoal.

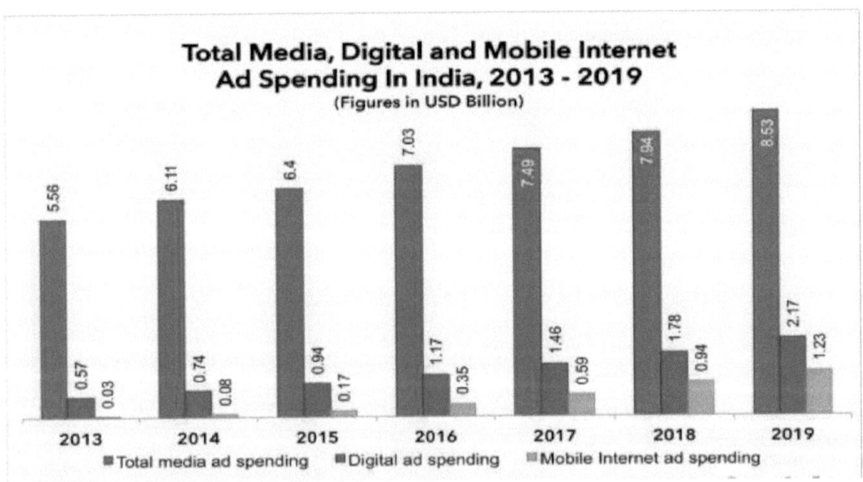

Fig 3.1: Total de despesas com publicidade nos meios de comunicação social, digital e na Internet móvel na Índia, 2013-2019(Fonte: eMarketer, março de 2015)

De acordo com o relatório da eMarketer de março de 2015, as despesas com anúncios digitais e com anúncios na Internet móvel aumentam todos os anos. Fazer um anúncio ou divulgar informações sobre o produto da empresa é uma forma fácil com a ajuda das redes sociais. O futuro do marketing nas redes sociais é muito prometedor. Atualmente, todas as empresas têm a sua página nas redes sociais para publicitar os seus produtos, como o Facebook, o Google+, o Twitter, o LinkdIn e outros. Sempre que uma empresa publica um anúncio dos seus produtos nas redes sociais, o utilizador ligado à página das redes sociais obtém informações sobre os produtos com o anúncio e o utilizador gosta e partilha o anúncio da publicação da empresa, sendo as informações sobre o produto divulgadas de forma eficiente e a empresa obtém o anúncio do seu produto de uma forma muito fácil. Mas o marketing nas redes sociais só será bem sucedido se o marketing nas redes sociais for feito de forma eficaz e estratégica. Numa estratégia de marketing nas redes sociais, é também necessário que uma empresa seleccione redes sociais específicas para publicitar os seus produtos, o que é benéfico para uma empresa. Uma vez que todas as redes sociais não são adequadas para todas as empresas.

Porque é que as empresas utilizam as redes sociais na sua estratégia de marketing:

- Com o Social media marketing as empresas podem facilmente desenvolver relações com os seus clientes. Com a comunicação entre cliente e empresa será feita de forma mais direta e sem recurso a qualquer intermediário.

- Sempre que um utilizador utiliza o produto de uma empresa e quer dar um feedback positivo ou negativo sobre o produto. Nessa altura, as redes sociais são uma forma fácil de dar feedback à empresa num instante.

- Quando uma empresa lança um novo produto. A primeira fase após o lançamento do produto é o seu mercado. Como o marketing tradicional demora algum tempo a anunciar o produto, a publicidade nas redes sociais é o meio mais rápido. Com isso, num tempo mínimo

  a informação sobre o novo produto será difundida num segundo.

Alterações das futuras actividades nas redes sociais:

De acordo com o relatório de 2016 do sector do marketing dos meios de comunicação social, as organizações que utilizam os meios de comunicação social alteram a sua utilização dos meios de comunicação social no futuro. Os profissionais de marketing planeiam aumentar a sua utilização do Facebook (67%), YouTube (63%), Twitter (61%) e LinkedIn (61%), por esta ordem. Uma vez que as redes sociais têm sido utilizadas por todas as empresas, só as redes sociais serão mais utilizadas pelos profissionais de marketing, que actualizarão a sua aplicação de acordo com as necessidades dos profissionais de marketing. Com a evolução tecnológica, as redes sociais têm de se atualizar para que mais profissionais de marketing as utilizem para promover os seus produtos.

- Facebook

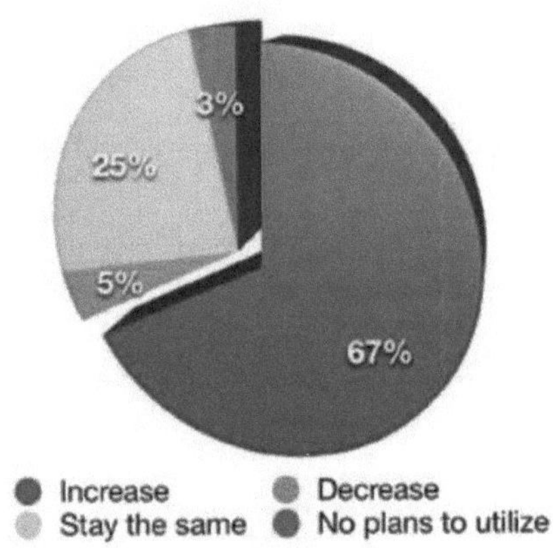

Fig 3.2: Relatório de inquérito do Facebook

O número de utilizadores do Facebook tem vindo a aumentar todos os anos. Em 2015

O número de utilizadores do Facebook aumentou até 62%, mas agora aumentou para 67%. Entre os profissionais de marketing

O Facebook continua a ser o mais popular. Apenas 3% dos profissionais de marketing não planearam

utilizado Facebook.

YouTube

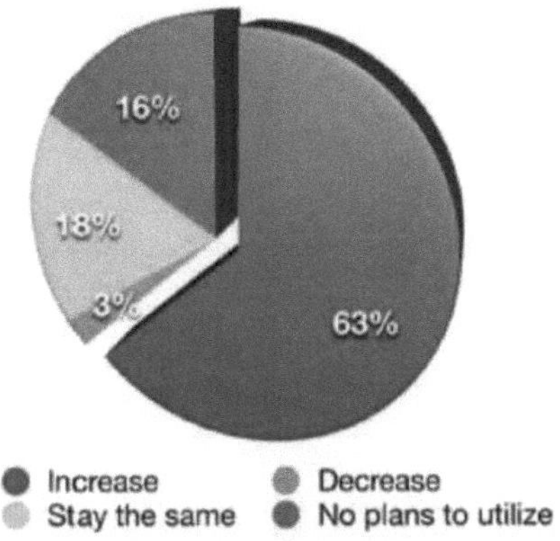

Fig. 3.3: Relatório de inquérito do YouTube

63% dos profissionais de marketing ainda planeiam aumentar o seu marketing no YouTube. 16% dos profissionais de marketing não planeiam utilizar o YouTube.

- Twitter

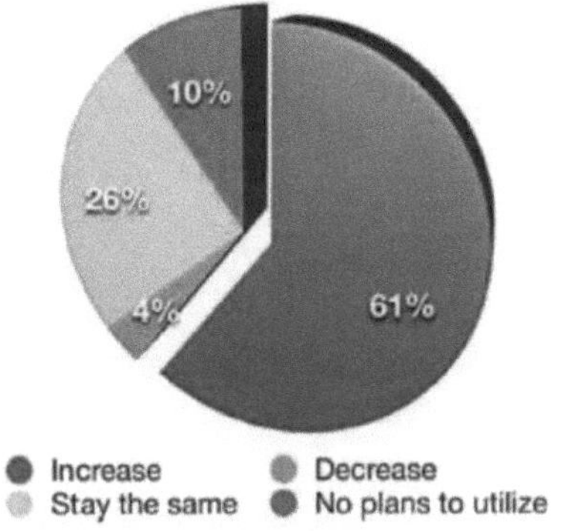

Fig 3.4: Relatório de inquérito do Twitter

Em comparação com o ano de 2015, em 2016 o utilizador do comerciante diminuiu.

De acordo com o relatório do sector do marketing nas redes sociais, 61% dos profissionais de marketing são

que pretendem utilizar o Twitter. Mas agora, no ano de 2016, diminuiu para 61%.

- LinkedIn

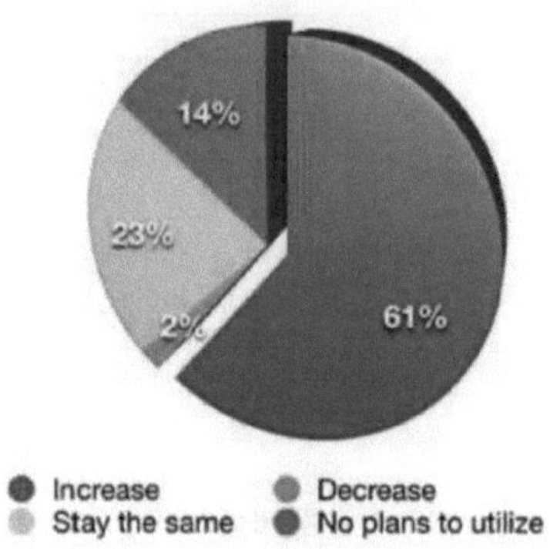

Fig 3.5: Relatório de inquérito do LinkedIn

No ano de 2015, 66% dos profissionais de marketing estão a utilizar

LinkedIn. Mas, no ano de 2016, 61% dos profissionais de marketing planeiam utilizar o LinkedIn.

A percentagem de profissionais de marketing que pretendem utilizar o LinkedIn diminui no ano

de 2016 em comparação com 2015.

- Instagram

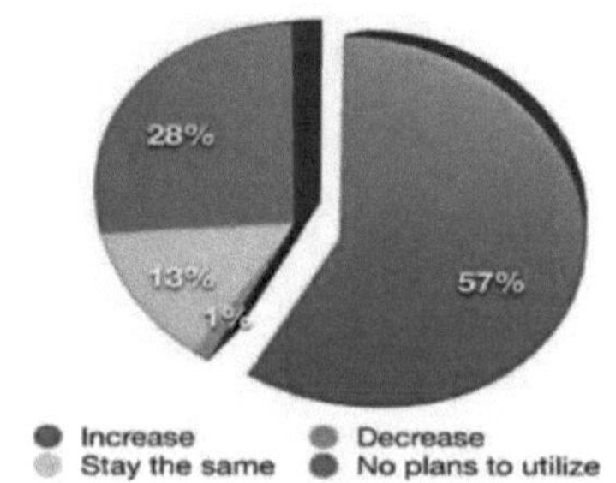

Fig 3.6: Relatório de inquérito do Instagram

No ano de 2015, há 52% de profissionais de marketing que são

usando o Instagram. Mas no ano de 2016 há 57% de profissionais de marketing que estão a planear

para usar o Instagram. Percentagem de profissionais de marketing que pretendem utilizar o Instagram aumenta no ano

2016 em comparação com 2015.

- Google+

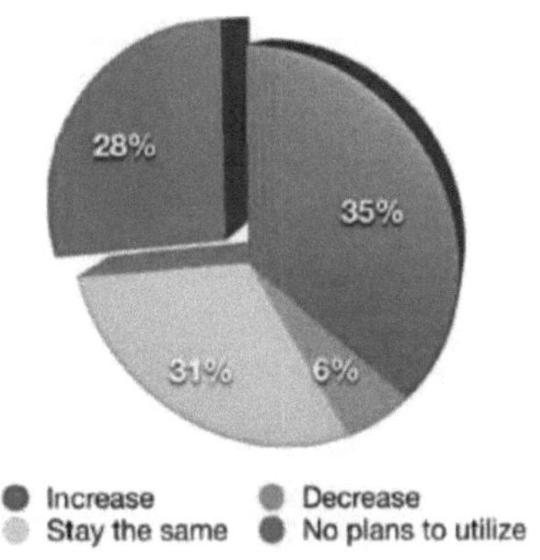

Fig. 3.7: Relatório de inquérito do Google+

Há uma tendência decrescente para a utilização do Google+. Há uma grande queda nos profissionais de marketing que planeiam utilizar o Google+ no ano de 2016. Em 2015, 52% dos profissionais de marketing utilizavam o Google+ e, em 2014, 61% dos profissionais de marketing utilizavam o Google+. Mas, em 2016, apenas 36% dos profissionais de marketing planeiam utilizar o Google+.

Slideshare

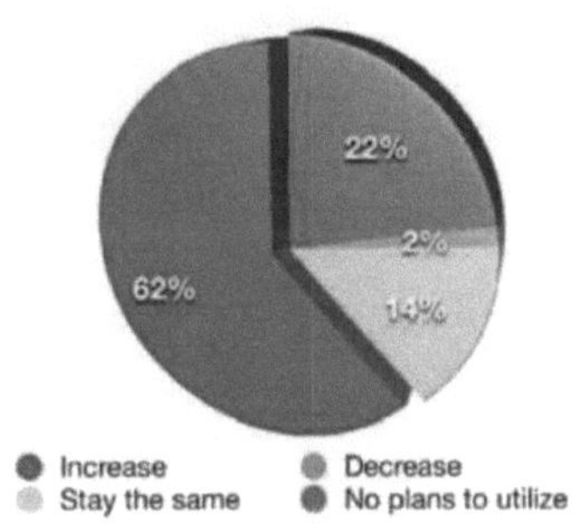

Fig. 3.8: Relatório de inquérito do Slideshare

Apenas 22% dos profissionais de marketing planeiam aumentar as suas actividades no SlideShare, uma queda em relação aos 29% de 2015.

- **Snapchat**

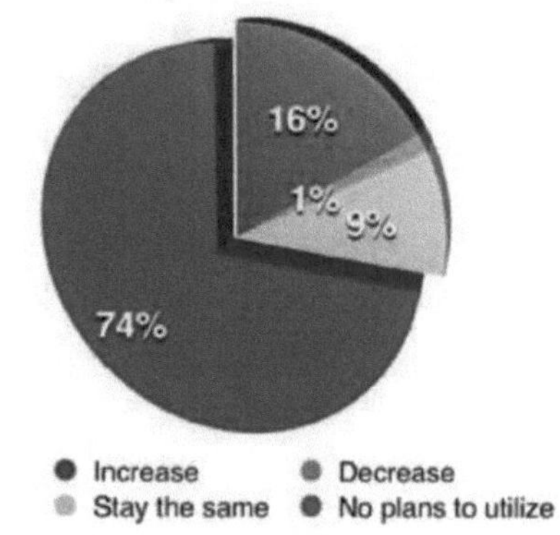

Fig 3.9: Relatório do inquérito sobre o Snapchat

Há uma tendência de crescimento na utilização do Snapchat. No ano de 2015

apenas 7% dos profissionais de marketing planeiam utilizar o Snapchat. Mas no ano de 2016 aumentou para 16%.

No futuro, a utilização de telemóveis inteligentes irá aumentar de dia para dia

dia. Com o aumento do número de utilizadores de telemóveis inteligentes, o número de utilizadores das redes sociais também aumenta. Esta é uma informação útil para todas as empresas e a forma correcta de enviar a sua publicidade através das redes sociais. Só assim as redes sociais serão bem sucedidas na comercialização de produtos que tenham em conta o caso dos seus utilizadores, o que significa que as redes sociais têm de prestar um serviço de apoio ao cliente. Se um utilizador se deparar com problemas durante o acesso às redes sociais, pode resolver facilmente o seu problema ligando para as redes sociais. Pode resolver facilmente o seu problema contactando o serviço de apoio ao cliente das redes sociais. Assim, a estratégia de marketing das redes sociais deve centrar-se no serviço ao cliente. As redes sociais prestam melhores serviços aos seus clientes. Assim, antes de selecionar uma rede social para anunciar o seu produto, a empresa deve verificar os serviços prestados pelas redes sociais aos seus clientes. Como é necessário "ouvir os clientes através das redes sociais e também fazer alterações, se for caso disso, de acordo com a procura do cliente. Por esse motivo, a aplicação das redes sociais é actualizada regularmente. Porque as redes sociais mudam de acordo com a procura dos clientes, só nesse caso o cliente utilizará essa rede social específica, caso contrário mudará para outra. Todas as organizações, antes de seleccionarem uma rede social para publicitarem os seus produtos, têm de verificar se essa rede social fornece serviços de apoio ao cliente para o seu produto, de modo a que o cliente não tenha problemas no acesso à rede social. As empresas utilizarão as redes sociais para divulgar a sua marca e, além disso, as redes sociais serão seleccionadas por organizações que tenham um grande número de utilizadores. O futuro das redes sociais (e como se preparar para ele): O relatório sobre o estado das redes sociais de 2016 descreve que 85% das organizações utilizam as redes sociais para dar a conhecer as suas marcas, 71% das organizações utilizam as redes sociais para o envolvimento da comunidade, 61% das organizações utilizam as redes sociais para a distribuição de conteúdos, 54% das organizações utilizam as redes sociais para vendas/geração de leads, 21% das organizações utilizam as redes sociais para apoio ao cliente, 2% das organizações utilizam as redes sociais para outros fins.

THE
STATE OF
SOCIAL 2016

What are the main reasons your business uses social media?

Brand awareness	85%
Community Engagement	71%
Content Distribution	61%
Sales / Lead Generation	54%
Customer Support	21%
Other	2%

Fig 3.10: Razões para utilizar as redes sociais nas empresas (Fonte: The State of Social, 2016)

Para uma empresa é muito necessário acelerar o seu negócio. A utilização do marketing nas redes sociais numa empresa ajudará a empresa a acelerar o seu negócio. Só assim a empresa se estabelecerá num mercado que adoptará novas tecnologias. Isso significa que é necessário que todas as empresas implementem novas tecnologias na sua atividade. Agora, as empresas sabem que obterão mais benefícios se utilizarem novas tecnologias em comparação com as mais antigas. A Amazon, a Flipkart e a PayTM são alguns exemplos de empresas que introduziram alterações na sua atividade com a mudança de tecnologia. A principal atualização destas empresas é a utilização das redes sociais como meio de marketing. Com a mudança de requisitos ou com a mudança de tecnologia, estas empresas fizeram alterações e obtiveram mais lucros. O fator motivacional também desempenha um papel importante na adesão de uma pessoa a uma rede social. 68% das pessoas aderem a uma página de marca de uma empresa devido a um convite/publicidade da marca, 52% aderem a uma página de marca devido a um convite de um amigo, 32% aderem a uma página de marca de uma empresa devido a uma pesquisa pessoal, 44% aderem a uma página de marca de uma empresa devido à lealdade para com a marca (Bashar, Ahmad, Wasiq, 2012). Numa perspetiva de futuro, também é evidente que o marketing nas redes sociais só será bem sucedido para qualquer empresa se o utilizador aderir às redes sociais de forma extrema. De acordo com este relatório, a publicidade de uma empresa deve estar presente para que o utilizador adira a uma página da organização. Este é o fator mais importante. A fundação de planos de marketing é uma parte da estratégia de marketing. A comercialização de um produto não é uma tarefa fácil, mas com o avanço da tecnologia, tudo se torna mais fácil. Agora, o futuro do comerciante em linha é muito brilhante, muitas empresas despedem a sua equipa de marketing offline e iniciam o marketing online através da utilização das redes sociais. Atualmente, existe uma maior procura de profissionais de marketing digital. Os profissionais de marketing digital têm conhecimentos para publicitar produtos através das redes sociais e alcançar as vendas desejadas. A parte mais importante do marketing nas redes sociais é o facto de ser feito com zero dinheiro ou com um pequeno investimento e de haver uma elevada taxa de retorno, mas é necessário um planeamento ou estratégia específica antes de iniciar o marketing nas redes sociais para obter uma elevada taxa de retorno. As redes sociais, em vez de comercializarem produtos, podem ser utilizadas eficazmente no domínio da educação, publicidade, ativismo social, investigação, sensibilização política, governação, etc.

Atualmente, as empresas podem ser adequadamente captadas através da avaliação de apenas três matrizes (Chheda, 2014):

- Consciencialização
- Vendas
- Defesa (ou seja, recomendação de clientes)

	Variable	Percentage of people
Motivation to follow a Brand or Join a Brand page	**Brand invitation/Advertising**	**68**
	Friend's invitation	**52**
	Personal Research	**32**
	Loyalty towards the brands	**44**

Tabela 3.1: Motivação para seguir uma marca ou aderir a uma marca Página (Bashar, Ahmad, Wasiq, 2012)

Como o marketing nas redes sociais tem sido feito sem custos ou o marketing nas redes sociais é rentável, com o avanço da tecnologia no futuro, o marketing nas redes sociais pode atuar como uma amplificação de possíveis relações, serviços ao cliente, marketing boca a boca, comunicação com os empregados (Arca, 2012). Os media sociais não investem um grande orçamento para atingir um objetivo. Mas a única coisa que é utilizada durante o marketing nas redes sociais é a criatividade, a comunidade e a relação. No marketing, estão disponíveis várias ferramentas eficazes que serão úteis para divulgar informações sobre o produto a nível mundial. Por esse motivo, foram efectuadas várias alterações com o avanço do marketing nas redes sociais. O relatório de 2013 do examinador de redes sociais sobre a indústria de marketing de redes sociais mostra que as redes sociais serão úteis para aumentar a exposição, aumentar o tráfego, desenvolver fãs leais, etc. As redes sociais não são apenas utilizadas para criar uma página de organização, mas existem muitas outras

oportunidades que serão proporcionadas através das redes sociais, que serão mais benéficas para os

utilizadores que utilizam

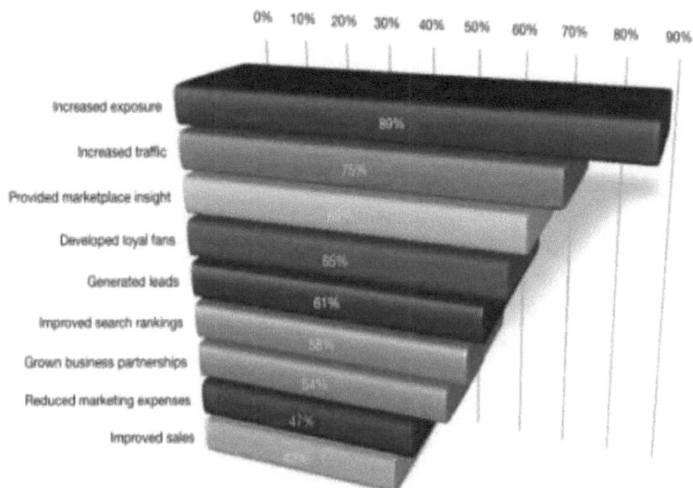

Fig 3.11: Benefícios do marketing nas redes sociais (Fonte: Social Media Examiner 2013 Research)

Redes sociais. A vantagem mais importante das redes sociais é a

exposição de novos produtos. Porque sem exposição a empresa não pode lançar o produto. Os meios

de comunicação social dão a uma organização a oportunidade de expor os seus produtos de forma

interactiva. O marketing nas redes sociais não exige um grande orçamento ou um tempo

extremamente elevado, a única coisa que as redes sociais exigem é uma estratégia. Com a utilização

de uma estratégia planeada, o marketing nas redes sociais pode ser feito de forma muito eficaz e trazer

benefícios para a organização ou o marketing nas redes sociais é uma estratégia de marketing boa e

sem custos. Numa estratégia de marketing nas redes sociais, seria necessário encontrar o público-alvo

de acordo com as necessidades da empresa. Assim, o principal objetivo das redes sociais é encontrar

uma área-alvo e atingir o cliente para publicitar os seus produtos de forma eficiente e eficaz. De acordo com o relatório hubspot(2012), 63% das empresas utilizam as redes sociais para aumentar a

eficácia do marketing. O relatório considera benefícios como a satisfação do cliente, a redução dos

custos de marketing, a redução do tempo de comercialização dos produtos, o aumento da inovação

dos produtos/serviços e o aumento das receitas.

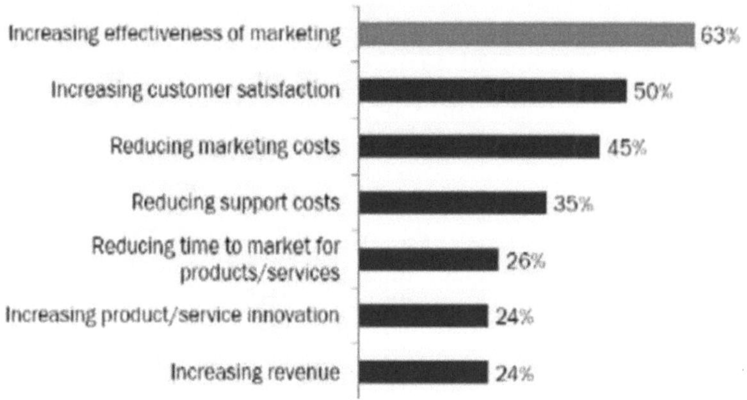

Figura 3.12: Benefícios da utilização das redes sociais para as empresas (Fonte: hubspot(2012))

O relatório de Celine (2012) descreve que existem algumas áreas funcionais, como o marketing, o

apoio ao cliente, a investigação e o desenvolvimento, as finanças, as relações públicas e os recursos

humanos, que proporcionam benefícios do marketing nas redes sociais para as empresas. De acordo

com o relatório de 2016 do Social Media Marketing Industry Report, 90% dos profissionais de

marketing concordam que as redes sociais são demasiado importantes para as suas empresas. Esta

percentagem é ligeiramente inferior à de 2015, em que 92% dos profissionais de marketing

concordam que as redes sociais são demasiado importantes para as suas empresas. Os profissionais

de marketing que estão a utilizar as redes sociais como ferramenta de marketing sabem que, no

futuro, o marketing nas redes sociais terá grandes tendências.

Os especialistas prevêem que as redes sociais se tornarão uma parte

importante de qualquer negócio. Atualmente, as páginas das redes sociais são gratuitas para todos os utilizadores. Mas as coisas podem mudar no futuro. Eles sabem que há uma grande tendência para o marketing das redes sociais no futuro. Os especialistas prevêem que as redes sociais se tornarão uma parte importante de qualquer negócio.

Atualmente, as páginas das redes sociais são gratuitas para todos os utilizadores. Mas as coisas podem mudar no futuro. O Facebook já começou a instituir uma plataforma paga, através da qual as empresas podem promover os seus negócios com um desempenho melhor do que a média nos feeds de notícias dos utilizadores. Os profissionais de marketing que estão a utilizar as redes sociais como ferramenta de marketing, numa série de marketing através das redes sociais, o Facebook já introduziu a reprodução automática de vídeos, o que significa que agora não é necessário reproduzir um vídeo de publicidade, utilizando-o como estratégia de marketing quando o utilizador vê um vídeo na página das redes sociais, este é executado automaticamente. A tabela 2.2 descreve as vantagens do marketing através das redes sociais para as empresas com uma área funcional como o marketing, o apoio ao cliente, a investigação e o desenvolvimento, as finanças, as relações públicas e os recursos humanos.

FUNCTIONAL AREA	BENEFITS
MARKETING	• Increased brand exposure • Build awareness • Brand reputation management • Increased targeted traffic • Improved Search Engine Optimization • Leads generation • Reduced marketing costs
CUSTOMER SUPPORT	• Customer interaction > Feedbacks • Real-time and personalized support • Improved customer experience • Increased customer retention and loyalty • Reduced support costs
RESEARCH & DEVELOPMENT	• Market insights on target audience • Competitor monitoring • New ideas captured from community
FINANCE	• Cost effective • Reduce costs in marketing, customer service and recruitment
PUBLIC RELATIONS	• Communication in real-time • Increased brand exposure
HUMAN RESOURCES	• Business networking • Facilitated recruitment • Reduce recruitment costs

Quadro 3.2: Resumo dos benefícios do marketing nas redes sociais para as empresas (Celine, 2012)

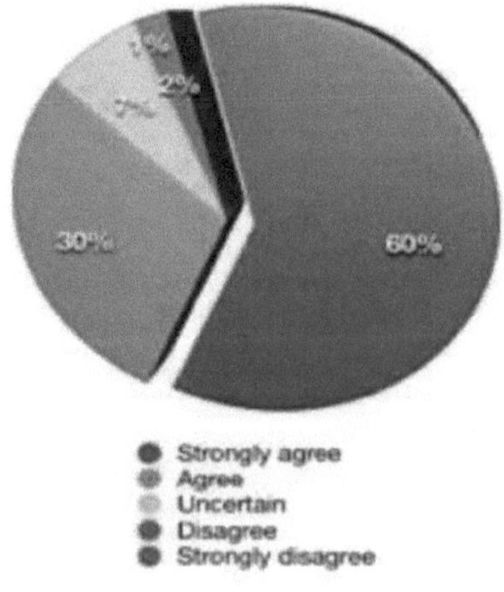

**Fig 3.13: Experiência de utilização das redes sociais para comercializar a sua empresa (
Fonte: Social**

Relatório da indústria de marketing dos media,2016)

A Fig. 3.13 descreve a experiência de utilização das redes sociais pelas empresas, sendo que 60% das empresas concordam plenamente com a utilização das redes sociais e 7% ainda não têm a certeza.

Portanto, o resumo desta discussão é que existem muitas oportunidades de marketing nas redes sociais nas empresas, mas depende totalmente das empresas a forma como o vão utilizar, o que significa que deve ser necessária uma estratégia para a implementação do marketing nas redes sociais nas empresas.

Capítulo 4
Resumo

Os sítios de redes sociais são os mais populares. Os sítios das redes sociais têm um impacto significativo nas pessoas. Atualmente, as pessoas passam mais tempo nos sítios de redes sociais para mexericos, jogos, conversas, etc. O principal objetivo do marketing nas redes sociais é produzir conteúdos sob a forma de imagens, texto e vídeo relacionados com o produto da empresa, para que o utilizador goste e partilhe esses conteúdos com os seus amigos nas redes sociais, aumentando assim em grande medida a popularidade de uma marca. A base dos sítios das redes sociais é a Internet. Não é fácil para uma empresa atrair o marketing das redes sociais, uma vez que as pessoas são atraídas pela forma tradicional de marketing, como a televisão, a rádio, etc. Para isso, existe um modelo chamado Modelo de Aceitação de Tecnologia (TAM), que será útil para que os clientes aceitem a nova tecnologia introduzida no mercado, tendo em conta factores como a utilidade percebida (PU) e a facilidade de utilização percebida (PEOU). Com o avanço da Internet, os sítios de redes sociais espalharam-se por todo o mundo. Os sítios de redes sociais não têm os seus próprios conteúdos, são constituídos por conteúdos gerados pelo utilizador, que incluem texto, vídeo, imagem, etc. Por esse motivo, as empresas utilizam as redes sociais como ferramenta de marketing. A principal vantagem de uma empresa utilizar as redes sociais é que pode obter feedback direto dos clientes.

Os sítios de redes sociais, como o Facebook, o Twitter e o TouTube, têm um público diferente em função de características como o serviço de apoio ao cliente, diferentes esquemas, etc. O marketing nas redes sociais não é uma forma fácil de comercializar produtos em sítios de redes sociais. Só será bem sucedido se a empresa utilizar uma estratégia de marketing específica. A estratégia deve ser uma estratégia de PULL, o que significa que o marketing deve ser feito dessa forma pela empresa para que o cliente seja automaticamente atraído para o anúncio publicado pela organização nas redes sociais. Numa estratégia de marketing, a organização utilizará passos planeados, como definir os objectivos que pretende alcançar após a promoção dos produtos nas redes sociais, encontrar o público-alvo para o marketing, escolher a plataforma para o marketing e selecionar os conteúdos a publicar sobre o produto. Após a preparação dos conteúdos, a organização publica os conteúdos nas redes sociais e controla a sua publicação. Ao seguir estes passos estratégicos, só a organização poderá obter benefícios do marketing.

Durante a comercialização de um produto, há alguns passos, como fazer uma pesquisa específica sobre o produto, elaborar uma estratégia específica para a promoção de produtos e um planeamento específico para a venda do produto. Estes passos têm de ser seguidos pela organização de marketing. Os e-maven's têm um papel importante no marketing das redes sociais. Os e-maven são as pessoas que têm um conhecimento completo sobre o tipo de conteúdos a publicar nas redes sociais, como atrair as pessoas para a publicidade, quando publicar uma mensagem específica, etc. Num marketing bem sucedido, os e-maven têm um papel importante. O mecanismo baseado na confiança é uma parte importante do marketing. A empresa tem de estabelecer uma relação com o cliente ao promover produtos em sítios de redes sociais. O mecanismo baseado na confiança será utilizado pelos clientes para comprar produtos. Para além do mecanismo baseado na confiança para a venda de produtos, cada cliente deve ter em conta a qualidade dos produtos, o custo dos produtos, o serviço ao cliente da empresa, a transparência dos termos e condições estabelecidos pela empresa para a venda de produtos. Os 4 P's são a parte principal do marketing: Produto, Local, Preço, Promoção. Para além do marketing nas redes sociais, existem outros tipos de marketing, como o marketing por correio eletrónico, o marketing de relações, o marketing direto, o marketing boca-a-boca (eWOM), etc. As empresas preferem o marketing nas redes sociais apenas para dar a conhecer o seu produto.

Devem ser considerados vários factores que são úteis para aumentar o papel das redes sociais no marketing, tais como a qualidade dos conteúdos publicados pela organização, o sistema de resposta definido pela organização, etc. Estão disponíveis várias ferramentas de marketing como Buffer, Hootsuite, MeetEdger, IFTTT, EveryPost, que serão definitivamente úteis para qualquer organização na promoção dos seus produtos.

Capítulo 5
Conclusão

Depois de analisar o domínio do marketing nas redes sociais, descobrimos a necessidade deste tipo de marketing para uma empresa, a eficácia do marketing nas redes sociais em comparação com o marketing tradicional, as vantagens do marketing nas redes sociais, os diferentes tipos de canais nas redes sociais e as ferramentas utilizadas para o marketing nas redes sociais. As empresas podem utilizar uma única plataforma de marketing nas redes sociais ou mais do que uma plataforma para comercializar os seus produtos. Mas os benefícios para as empresas prendem-se com a qualidade de um produto e a relação com o cliente. A principal vantagem do marketing nas redes sociais é a exposição da marca, o aumento do tráfego alvo, etc. As empresas medem os resultados sob a forma de gostos e partilhas de qualquer publicação partilhada pela organização.

O retorno sobre o investimento (ROI) é um fator considerável para a organização. estará ligado à experiência e não ao número de fãs. Com o avanço da tecnologia, o marketing do produto tornar-se-á mais eficaz. O Facebook continua a ser a plataforma de redes sociais mais popular entre os profissionais de marketing. No ano passado, as empresas não reservavam qualquer orçamento para o marketing nas redes sociais para os seus produtos, mas com o avanço e a popularidade do marketing nas redes sociais, todas as empresas reservam um orçamento para o marketing nas redes sociais para aumentar a notoriedade das suas marcas.

É compreensível que as organizações se sintam atraídas pelas redes sociais para publicitarem os seus produtos. Ao estabelecer uma relação com o cliente através das redes sociais, a organização estará diretamente ligada ao cliente, o que é mais benéfico para a organização. Além disso, existem outros factores, como o serviço ao cliente prestado pelos sites de redes sociais, a qualidade do produto e o custo dos produtos, que atrairão a organização para as redes sociais. Em suma, a estratégia de marketing nas redes sociais terá um papel importante no sucesso de qualquer negócio. A estratégia planeada deve ser exigida por

se quiserem obter cada vez mais benefícios do marketing nas redes sociais.

Referências:

1. Celina, A. (2012). Porquê e como é que cada empresa deve criar e desenvolver os seus Sites de Social Media? *Mestrado em Marketing Internacional.*

2. Farooq, F, Jan. Z. (2012). O impacto das redes sociais para influenciar o marketing através de análises de produtos, *Revista Internacional de Pesquisa em Tecnologia da Informação e Comunicação, Volume 2 No. 8, ISSN 2223-4985*

3. Fenandez, N. Eficácia dos sites de redes sociais no marketing. *IOSR Journal Of Humanities And Social Science (IOSR-JHSS), e-ISSN: 2279-0837, p- ISSN: 2279-0845, PP 72-76.*

4. Goud, P. (2016). Role of Social Media in Marketing, INDIAN JOURNAL OF APPLIED RESEARCH, *Volume: 6, Issue: 8, ISSN - 2249-555X*

5. Kannan, P. (2017), Digital marketing: Um quadro, revisão e agenda de investigação, *International Journal of Research in Marketing 34 (2017) 22-45*

6. Leskovec, J. (2007). The Dynamics of Viral Marketing", *ACM Transactions on the Web (TWEB)*, Volume 1, número 1,

7. Ne, S. (2011). SOCIAL MEDIA AND ITS ROLE IN MARKETING, *Revista Internacional de Computação Empresarial e Sistemas de Negócios, Vol. 1 Issue 2, ISSN (Online) : 2230-8849*

8. Paquette. H. (2013). Social Media as a Marketing Tool: A Literature Review, *DigitalCommons@URI*

9. Razak, S. (2016). Fatores que influenciam o uso de mídias sociais em marketing, *Journal of Research in Business and Management, Volume 4 ~ Issue) pp: 01-07, ISSN(Online) : 2347-3002*

10. Sema, P. (2013). As redes sociais afectam a tomada de decisões dos consumidores? *Universidade Johnson & Wales, Providence*

11. Stelzner, M. (2016). *How Marketers Are Using Social Media to Grow Their Businesses, 2016 SOCIAL MEDIA MARKETING INDUSTRY REPORT (Social Media Examiner)*

Printed by Books on Demand GmbH, Norderstedt / Germany